JOURNAL MILITAIRE

DE

LA RÉVOLUTION FRANÇAISE,

DEPUIS 1792 JUSQU'A 1815;

PAR J. ESNEAUX.

Ceci est un livre de bonne foi.

TOME PREMIER.

PARIS,

CHEZ J. ESNEAUX, LIBRAIRE,

RUE HAUTEFEUILLE, n° 20.

Et à son dépôt, grande cour du Palais-Royal, n°

1822.

JOURNAL MILITAIRE

DE

LA RÉVOLUTION FRANÇAISE,

DEPUIS 1792 JUSQU'A 1815;

PAR J. ESNEAUX.

Ceci est un livre de bonne foi.

TOME PREMIER.

PARIS,

J. ESNEAUX, LIBRAIRE, RUE HAUTEFEUILLE, n° 20.

1822.

Imp. de Mad. Jeunehomme-Crémière, rue Hautefeuille, n. 20.

PRÉFACE.

J'ai cru devoir expliquer les prodiges de nos guerres par l'exposé de la révolution qui en fut l'origine, et j'ai emprunté de Rabaud-Saint-Étienne le commencement de mon récit. Témoin, acteur et victime de ce grand événement, Rabaud a souffert le martyre comme partisan de la royauté; il ne passe point encore pour anarchiste. Cependant je ne donne pas toutes ses opinions comme irrécusables; je n'en adopte pas même tout ce que je rapporte ici; mais j'ai voulu rappeler ce que pensaient et disaient alors des hommes qui n'étaient, après tout, ni des idiots ni des méchans, et montrer par là ce que pouvait penser, dire et faire la multitude qui a moins de lumières, et plus d'ardeur.

Dans la rédaction qui m'appartient, j'ai raconté des faits sans les juger; mais j'en aurais altéré la physionomie et dissimulé l'importance, si mon style n'avait rappelé l'entraînement et les idées gigantesques de cette époque enthousiaste.

En parlant de la grandeur de la Convention, je n'ai pas loué son gouvernement; et certes elle avait bien son genre de grandeur, cette Convention, qui, ayant lutté contre l'univers, se montra plus audacieuse que Sylla en abdiquant comme lui. J'ai dit souvent *la Nation* pour l'Assemblée nationale et la partie du peuple agissant dans le sens de la révolution : c'était l'idiome du temps.

Le but de l'Introduction est d'indiquer l'origine et les progrès de cette énergie dont la population se trouvait armée au commencement de la guerre. Cette énergie, quoique changeant d'objet et de langage, passa de la république à l'empire, et produisit les triomphes de l'une et de l'autre, bien que, sous l'empire, le pouvoir s'appliquât toujours à la concentrer dans l'armée.

Le but de l'ouvrage est de présenter à nos amis et à nos ennemis le tableau fidèle de nos succès et de nos revers, parce que, dans l'une et dans l'autre fortune, le peuple français fut toujours digne de la victoire.

Je retracerai fidèlement toutes les affaires importantes par elles-mêmes ou par leurs conséquences; j'indiquerai les moindres, et je n'omettrai ni les actions particulières, ni les mots heureux qu'on voudra bien me faire connaître. Déjà plusieurs militaires distingués m'ont honoré de leurs conseils; je fais un appel à tous ceux qui pourraient me procurer de nouvelles lumières, mais je ne m'engage à aucune complaisance; il faut que mon récit soit irréprochable comme la gloire française.

JOURNAL MILITAIRE

DE

LA RÉVOLUTION FRANÇAISE.

—

INTRODUCTION.

« La nation française a été soumise pendant plusieurs siècles à des lois arbitraires qui pesaient à la fois sur la vie et sur la fortune des citoyens. Le roi de France, lui seul, levait des impôts plus considérables que plusieurs grands princes de l'Europe réunis. Le clergé recueillait sans frais le cinquième du produit net des revenus territoriaux du royaume ; il possédait d'ailleurs des biens immenses, et ne fournissait que des dons gratuits, qu'il s'imposait à sa volonté. Les droits avilissans de la féodalité donnaient à la noblesse un genre de revenus qui était un véritable impôt sur les campagnes et une source de vexations ; et quoique possédant des propriétés immenses, elle se croyait dispensée de contribuer aux dépenses publiques, dont le poids retombait tout entier sur le peuple. La vénalité des charges avait rendu nécessaire la vénalité de la justice, et chaque différend entre deux hommes était encore un impôt.

« Cependant la facilité apparente avec laquelle le peuple semblait payer des impôts aussi considérables encourageait à en inventer de nouveaux. Les dépenses de la cour étaient arbitraires, et la substance des peuples se dissipait en de fastueuses frivolités. Des guerres ruineuses, entreprises avec légèreté, avaient accru pendant deux règnes la calamité publique. Des emprunts désastreux avaient successivement formé une dette immense ; et la nation effrayée n'avait devant les yeux que la perspective décourageante de la banqueroute....

Nos rois, qui ne faisaient jadis exécuter les lois que du consentement des peuples, ne les consultèrent plus : alors la monarchie fut dénaturée ; elle fut chez nous ce que les Grecs appelaient tyrannie, le gouvernement arbitraire d'un seul. L'étendue de la monarchie ne permettant pas au prince de voir tout par lui-même, les rois de France furent obligés de consulter les ministres ; ceux-ci finirent par tout gouverner. Le visirat est en France une des époques du despotisme.... et nulle nation n'a été plus dédaigneusement opprimée par ses maîtres que la nation française. Depuis le cardinal de Richelieu jusqu'au premier jour des états-généraux de 1789, dura le régime oppressif, d'autant plus humiliant que le peuple était doué de ce don de la nature que l'on appelle esprit.

Cependant Louis XVI porta sur le trône un cœur bon, de l'attachement pour ses peuples, et une répugnance pour la tyrannie dont il a donné des preuves toutes les fois qu'il a agi et parlé par lui-même. Dès sa jeunesse il avait annoncé du goût pour la réforme des abus, et les courtisans en avaient frémi.... Il aurait fallu commencer par des économies ; mais la cour ne voulait pas y entendre.... Le faste de la cour de Louis XIV n'était que parcimonie en comparaison de la prodigalité de celles de Louis XV.

et de Louis XVI.... Par une longue durée et l'accroissement des abus, il s'était formé dans la nation une nation particulière et privilégiée; c'était la réunion de tous ceux dont les abus composaient la vie et l'existence. Elle vivait aux dépens de l'autre, mais sa coalition inévitable empêchait qu'on pût faire aucune réforme; cette prodigieuse tentative était au-dessus des moyens d'un homme; il ne fallait pas moins que la nation entière pour l'oser.

Quelle prodigieuse coalition en effet un ministre, un roi même aurait eue à combattre! soixante mille nobles ou anoblis, qui tenaient tous les fils de la féodalité, et la foule des soudoyés qu'elle faisait vivre; les militaires tous nobles, ou, ce qui est pis, prétendant tous l'être; cent mille privilégiés dont la prérogative consistait à ne pas payer tel ou tel impôt; deux cent mille prêtres, inégalement fortunés, mais tous liés par un même système, ne formant qu'un seul tout, dirigeant à leur gré la populace et les femmes, et accoutumés depuis mille ans à gouverner l'empire par les opinions et les préjugés; soixante mille personnes vivant de la vie religieuse, et dont plusieurs influaient puissamment sur le monde auquel ils avaient fait vœu de renoncer; les fermiers-généraux, tous les agens du fisc, et leur armée de cinquante mille hommes, et cette multitude de gens qui occupaient des emplois jusque dans les plus petites villes, et leurs familles et leurs amis; enfin la robe entière; ces parlemens, rivaux des rois, c'est-à-dire de leur puissance, défendant ou sacrifiant le peuple pour leur agrandissement, et qui, de juges, aspiraient à devenir législateurs; les cours inférieures qui leur étaient soumises, et cette nuée de gens de pratique qui, tous ensemble, levaient sur la nation un impôt dont l'imagination redoute le calcul. Cette masse effrayante d'hommes occupait toute la France ; ils l'enchaînaient par mille liens. Réunis, ils formaient la haute nation ; tout le reste était le peuple. C'est eux que l'on a vus depuis unir leurs clameurs contre l'Assemblée nationale, parce qu'avec une audace et un courage sans exemple elle a supprimé tous les abus qui composaient leur existence. »

(Extrait de Rabaud-Saint-Étienne.)

Tel était, selon Rabaud, l'état des choses lorsque la force des choses amena cette révolution qui, s'irritant par les obstacles, avança toujours de peur de reculer, et dépassa dans sa fougue toutes les bornes prévues par ceux-là mêmes que depuis on a nommés les meneurs.

Je ne veux ni expliquer ni juger ici ce grand événement ; mais, criminel ou non, c'était une affaire de famille où l'honneur national ne pouvait souffrir aucune intervention étrangère.

Cependant on disait dès l'année 1789 qu'une ligue européenne enverrait trois ou quatre cent mille hommes pour châtier les factieux. Les notes secrètes inondaient l'Europe ; les émigrés remplissaient toutes les cours ; de nombreux agens sollicitaient tous les princes. Enfin Léopold, empereur d'Allemagne, et Frédéric-Guillaume, roi de Prusse, coalisés par le traité de Pilnitz (27 août 1791), déclarent qu'ils prennent les armes et ne les quitteront qu'après avoir rétabli en France l'antique monarchie, c'est-à-dire la monarchie absolue avec son entourage féodal.

A cette déclaration mille voix répondaient : Il est notoire que le pouvoir absolu nous a conduits au bord de l'abîme, et que, désespérant du salut commun, il a, par le seul fait de la convocation extraordinaire des états-généraux (mai 1789), appelé la nation à se sauver elle-même. Si l'Assemblée nationale fait trop ou trop peu, c'est une question qui nous regarde seuls. Nous aussi nous prendrons les armes; et puisque les rois déclarent imprudemment qu'ils ne souffriront nulle part la monarchie tempérée, nous avons le droit, et nous aurons le courage de combattre à outrance et partout la monarchie absolue.

En effet, la Prusse et l'Allemagne prenaient bien mal leur temps pour nous intimider. Appauvrie et humiliée dans les derniers jours de Louis XIV, avilie et ruinée sous Louis XV, mais instruite par les nombreux écrits des philosophes, soutenue par la conscience de ses forces, et inspirée par la gravité des circonstances, la France, dans la première exaltation d'un fervent patriotisme, était déjà la grande nation, et c'était la grande nation préoccupée du grand projet de se régénérer tout entière quoi qu'il en pût coûter.

Dans les têtes plébéiennes, cette pensée forte absorbait toutes les autres : aussi les cahiers des communes réclamaient-ils instamment une constitution libérale et la suppression de plus d'abus que n'en ont pu détruire en six années les Assemblées constituante et législative, et l'énergie plus qu'humaine de cette Convention si terrible aux ennemis, aux citoyens et à elle-même. Aussi, à l'ouverture (5 mai 1789) des états-généraux, lorsque la noblesse et le clergé s'obstinèrent à voter par ordre pour rendre inutile la double représentation accordée au tiers-état; lorsque les lenteurs et les mépris de la cour lassèrent la patience des députés plébéiens, ceux-ci se déclarèrent fièrement Assemblée nationale (17 juin). Bientôt le hardi serment du jeu de paume (20 juin) acheva d'électriser l'empire, et dès lors, s'il n'avait fallu pour sauver l'état que se précipiter vivant dans un gouffre de flamme, chaque province eût produit des Curtius.

Quand Louis XVI, peut-être mal conseillé, vint dans tout l'appareil de la puissance casser en présence des trois ordres réunis les arrêtés des communes, les communes, s'insurgeant contre ce coup d'état, flétrissent la séance royale du nom de lit de justice, proclament que l'Assemblée nationale ne reçoit d'ordre de personne, et déclarent coupable d haute trahison quiconque attenterait à son indépendance (23 juin). Lorsque, après l'éloquent défi de Mirabeau, trente mille baïonnettes viennent menacer à la fois l'Assemblée réunie à Versailles et Paris qui la protége, l'Assemblée demeure intrépide ; Paris, habilement travaillé, s'émeut et se courrouce, et dans un moment d'impatience il rase la Bastille (14 juillet) et arme six légions citoyennes sous le commandement du général La Fayette, l'un des fondateurs de la république américaine. En peu de jours, et au seul bruit de la marche d'un ennemi annoncé partout, mais qui ne se montre nulle part, les provinces, imitant l'exemple de Paris, arment trois millions de gardes nationaux, tous parés de la cocarde aux trois couleurs, bientôt après adoptée par Louis XVI. En une nuit l'Assemblée abolit tous les priviléges, et démolit de fond en comble l'édifice gothique de la féodalité (4 août). Des attroupemens tumultuaires détruisent toutes les archives où se gardent les titres seigneuriaux ; l'aristocratie éperdue s'exile et s'enfuit à la lueur de ses châteaux incendiés ; la royauté , qui s'est compromise en la protégeant, qui va se perdre en voulant la suivre , déjà tremblante sous la main du géant populaire , pour décourager l'anarchie, s'efforce de sourire à la liberté qu'elle n'a pu étouffer au berceau, et n'aspire plus qu'à s'échapper furtivement ; tandis que l'Assemblée nationale , modérant tour à tour et bravant les tempêtes, bâtit au milieu des décombres, proclame l'immortelle déclaration des droits de l'homme, et achève cette constitution de 1791 qui reconnaît et consacre la souveraineté du peuple.

Déjà le club breton, transporté avec le roi et l'Assemblée de Versailles à Paris (5 et 6 octobre 1789), allait devenir la fameuse société des Jacobins, si puissante par l'esprit de prosélytisme, la multitude et l'audace de ses affiliés, si redoutable par le génie de la société mère qui menaçait de ressusciter pour la France un patriotisme outre nature. Sous cette influence sévère, la nation armée, montrant une volonté plus forte que la miraculeuse éloquence de Mirabeau, se ressaisit du droit de guerre et de paix (22 mai 1790); bientôt elle abolit la noblesse héréditaire (19 juin 1790) comme elle avait aboli (13 février 1790) les ordres monastiques ; et le 14 juillet 1790, premier anniversaire de la prise de la Bastille , elle célèbre au Champ-de-Mars cette brillante fédération où les quatre-vingt-trois départemens, représentés par des députations nombreuses, s'embrassent avec transport et jurent à la face du ciel et de la terre de vivre et de mourir pour la liberté et l'égalité ; où les soldats, saisis de l'enthousiasme général, fraternisent avec les citoyens, et répètent de la voix et du cœur le serment héroïque, au même instant prononcé dans toutes les communes, par tous les Français, avec l'allégresse d'une nation vive et généreuse qui vient de s'affranchir, avec la confiance d'un peuple fier et brave qui sait qu'on lui prépare la guerre et qui veut préluder aux fêtes de la Victoire par la fête de la Concorde.

Comme la cour n'épargnait pas les fautes, la politique de ses ennemis s'appliquait à les envenimer, à lui en suggérer, et même à lui en prêter. Aussi la défiance tourmentait toutes les âmes ; la misère produite par la cessation des travaux et l'exportation ou l'enfouissement du numéraire, les famines factices que chaque parti imputait au parti rival avaient exaspéré le peuple, qui, se voyant entouré de fléaux et d'ennemis, et n'attendant rien que de lui-même, se familiarisait avec l'idée de la vengeance et contractait des habitudes de fureur. Cependant, il faut le dire, les scènes sanglantes qui ont affligé nos villes, et qu'une politique odieuse a présentées comme des exemples de la justice populaire, furent les œuvres de quelques satellites gagés, que trahirent en plus d'un lieu leur physionomie étrangère et féroce (Rabaud). Mais la colère plébéienne, abandonnée à elle-même, se bornait à des rassemblemens tumultueux et criards. Elle réprouva toujours les massacres, et se réserva pour la guerre qu'on affectait de montrer prochaine et terrible. Ainsi, lorsqu'une loi inhumaine ordonna de fusiller des prisonniers, nos volontaires, indignés, s'écriaient qu'ils étaient soldats et non pas bourreaux ; et l'air fameux du ça ira, dont les paroles sont si affligeantes, passant des carrefours aux champs de bataille, fut purifié par le martyre et nationalisé par la victoire.

Pour conquérir cette liberté qui promettait tant de bonheur, on avait résolu de combattre avec une égale audace et la terre et le ciel. Déjà la noblesse et la royauté étaient vaincues, les ordres religieux anéantis, et la constitution civile du clergé (27 novembre 1790), exhaussant le sommet des Alpes, nous séparait de Rome. Le sol même, si j'ose parler ainsi, retourné tout entier par la division récente du territoire en quatre-vingt-trois départemens (15 janvier 1970), était volcanisé par l'action des clubs. Le génie de la république, évoqué du Capitole par ceux qui n'osaient ou ne voulaient plus se confier à la royauté, se hâtaient de renouveler tout pour s'emparer de tout, et, renchérissant à Paris sur la fierté romaine, il se promit de recommencer le cours de ses anciens triomphes, et d'enchaîner à la fois tous les monarques, puisque tous l'osaient proscrire. Debout sur les ruines de la Bastille, et présentant à l'univers le drapeau tricolore comme le signe de la régénération politique, il appelait à grands cris tous les peuples à l'indépendance, et sa voix séditieuse retentissait jusqu'aux bouts de la terre.

Louis XVI arrêté dans sa fuite (21 juin 1791), dépouillé quelques mois du pouvoir, menacé de la déchéance par l'insurrection du Champ-de-Mars (17 juillet 1791), avait enfin accepté la constitution (14 septembre 1791); l'Assemblée législative venait de succéder à la constituante (1er octobre 1791); déjà était engagée la lutte des Girondins et des Jacobins, où tous les citoyens semblaient prendre parti; déjà une armée d'émigrés se rassemblait à Coblentz (janvier 1792); les monarques de Prusse et d'Allemagne, s'affichant protecteurs de Louis XVI, mais se promettant de démembrer l'empire, s'étaient ligués de nouveau (à Léopold mort avait succédé François II) par le traité du 7 février 1792, lorsque, sur la proposition du roi, qui parut céder à la nécessité, l'Assemblée nationale déclara la guerre à François II, roi de Bohème et de Hongrie (20 avril 1792). Alors s'ouvrit devant l'impatience française la carrière de la gloire où la nation allait se précipiter tout entière avec l'emportement d'un courroux trop long-temps contenu.

On a dit qu'en 1793 la terreur inspirée par la Convention, ayant fait déserter nos villes et grossi nos armées, avait préparé nos triomphes. Sans doute plusieurs personnes, que leur naissance ou d'anciens souvenirs compromettaient dans leurs provinces, se sont réfugiées sous les drapeaux, et ceux qui ont le malheur de compter à peine quelques hommes dans une armée française ont imaginé que chez nous la Victoire était fille de la Peur. Mais ces artisans qui, dit-on, dominaient dans les cités, et qui néanmoins s'enrôlaient en chantant, partaient en carmagnole, bivouaquaient sans vivres et triomphaient presque sans armes et sans généraux, était-ce la peur ou le patriotisme qui les conduisait aux frontières? Non, et surtout en France, la Victoire n'est pas fille de la Peur.

Lorsque la Convention (j'expose les faits, je n'en discute pas le mérite), lorsque la Convention prétendit juger le roi et la royauté même, elle bravait à la fois tous les potentats qui lui juraient une guerre d'extermination, et la séduction qui l'attaquait au cœur, et les manœuvres des partis, et les boutades populaires excitées par une horrible famine. Il ne faut pas l'oublier, c'est après l'emprisonnement du roi, après l'insolent manifeste de Brunswick, après l'envahissement de la Champagne par les Prussiens; c'est aux approches de la guerre civile que l'Assemblée législative, reculant devant des périls plus grands que ses pouvoirs , abandonna le cours de ses travaux. Dans ce moment suprême , la France , engouée de l'histoire antique , voyant arriver les barbares , ne voulut confier qu'à des Spartiates le poste d'honneur plus fatal que les Thermopyles.; et la Convention fut plutôt une milice qu'un sénat. Ce grand être politique, assis sur le volcan où la patrie l'avait placé pour mourir ou pour renvoyer la terreur à tous ses ennemis , était frappé d'une idée fixe, l'indépendance nationale; ayant à surmonter des périls et des obstacles au-dessus des forces de l'humanité , il n'hésita pas à s'élever au-dessus des règles humaines, et résolut de sacrifier tout, et lui-même, s'il le fallait, à la brillante idole de la liberté. En effet, la pauvreté et l'isolement des républicains qui survivent prouvent qu'ils pouvaient avoir plus d'exagération que d'ambition et de cupidité; aussi avons-nous vu souvent cette Assemblée, unique dans les annales du monde, se décimer elle-même. Lorsque d'horribles trahisons eurent irrité son génie ombrageux, elle exerça une redoutable tutelle sur les chefs militaires, et plus d'une fois elle les fit passer du triomphe au supplice. Mais dire que la crainte du supplice a forcé nos généraux à vaincre l'ennemi de la patrie, ce serait les accuser de mollesse ou de trahison , et légitimer le sanglant régime de la terreur.

On sait que la Convention, prétendant détrôner le Destin même, dont Napoléon se contentait d'être l'envoyé, osa décréter la victoire. Mais ce fut l'enthousiasme , et non la peur, qui accomplit ce décret prodigieux. Alors tous les guerriers étaient pauvres et ne convoitaient que la gloire ; alors personne ne compromettait une armée pour sauver de riches fourgons; alors nul général n'aurait osé signer

aucune capitulation à la tête de cinquante mille Français;
et dans ces temps d'un délire à la fois atroce et sublime,
les vrais patriotes ne refusaient aucun genre de martyre et
savaient trouver partout le champ d'honneur.

Non, la Victoire n'est point fille de la Peur ! mais la
fièvre révolutionnaire avait ému toute une population
naturellement belliqueuse, et les orages de la tribune
l'avaient chargée d'électricité. Au premier choc, l'ex-
plosion fut terrible; tous les ressentimens amassés dans
les âmes par de longues années de misères, et depuis long-
temps dirigés avec adresse, peut-être avec justice, contre
l'étranger, éclatèrent à l'instant où il foula le territoire
sacré. C'était lui qu'on accusait de tous les maux; la guerre
pouvait rendre à la patrie le bonheur et la paix; tout Français voulut être soldat, tout soldat fut un héros, et le drapeau tricolore commença le tour du monde.

On ne le voit pas débuter par des triomphes; mais la
gloire l'adopte à Jemmapes, et le suit de Vienne à Mem-
phis. Plus tard, Napoléon, lui prêtant les ailes de l'aigle, le
conduit de victoire en victoire dans toutes les capitales, et
vient enfin l'ensevelir à Waterloo sous les ruines du grand
empire.

Essayons de retracer sa course.

Le Journal Militaire de la révolution française, depuis 1792 jusqu'en 1815, aura huit volumes in-8° qui seront publiés par livraison d'environ 130 pages chacune; la première paraîtra du 15 au 20 mars. On paie toujours un volume d'avance : savoir, le premier en souscrivant, le deuxième en prenant la dernière livraison du premier, et ainsi de suite. Le prix du volume est de 5 fr.

S'il y avait plus de huit volumes, le neuvième et les suivans seraient délivrés gratis à MM. les Souscripteurs.

On souscrit chez J. Esneaux, rue Hautefeuille, n° 20.

ON TROUVE CHEZ LE MÊME LIBRAIRE.

Considérations sur les Projets de l'aristocratie, par J. Esneaux, in-8°, prix 2 fr.

Précis historique de la guerre d'Espagne et de Portugal, par Auguste Carrel, chef de bataillon, 1 vol. in-8° 3 fr.

Réflexions morales; par M. Naudet-St-Maurice, 1 vol. in-16 2 fr.

Journal historique de la division de cavalerie légère du 5e corps (1814); par M. le colonel Petiet, 1 vol. in-8° 2 fr.

Œuvres complètes de Voltaire, en 60 vol. in-8° de 450 à 500 pages. Cette édition se publie par souscription. Il paraît déjà neuf volumes. Le prix du volume est de 2 fr. 50 cent.

La Souscription est encore ouverte, rue Hautefeuille, n° 20.